AF230028

… GEORGES LACHAUD

LES
BONAPARTISTES
ET
LA RÉPUBLIQUE

PARIS
ARTHÊME FAYARD, ÉDITEUR
49, RUE DES NOYERS, 49

—

1877

LES BONAPARTISTES ET LA RÉPUBLIQUE

GEORGES LACHAUD

LES
BONAPARTISTES
ET
LA RÉPUBLIQUE

PARIS

ARTHÊME FAYARD, ÉDITEUR

49, RUE DES NOYERS, 49

1877

LES BONAPARTISTES

ET

LA RÉPUBLIQUE

Le maréchal président de la République française vient de sacrifier à la volonté de la nation ce qu'il considérait jusqu'ici, ce que beaucoup considèrent encore, comme un engagement d'honneur.

La résolution qu'il a prise est-elle honteuse ou admirable? Peu nous importe; c'est une question qui intéresse ceux seulement qui portent le nom de Mac Mahon.

Il est aujourd'hui d'autres préoccupations plus graves qui s'imposent à chacun.

L'heure est décisive pour tous les partis.

Mais il est un de ces partis dont l'exis-

tence se joue en ce moment. C'est le parti bonapartiste.

De la direction qu'il va recevoir dépend son
anéantissement ou son maintien. Que vont faire
les bonapartistes?

La lutte continue entre l'ancienne société
et la nouvelle.

Vont-ils persister à combattre pour l'ancienne?

Il semble qu'après tant de tentatives infruc-
tueuses pour faire triompher la coalition des
rancunes, après tant d'échecs subis, après tant
de mépris essuyés de la part de ce peuple français dont ils invoquaient sans cesse la souveraineté, ils devraient refléchir et se demander
s'ils ne font pas fausse route?

Or, c'est à peine si un petit nombre d'entr'eux
(parmi lesquels se trouvent du reste quelques-uns
des plus autorisés), paraissent avoir remarqué ces
défaites successives. Les autres, les plus bruyants,
restent tels qu'ils étaient avant la bataille per-
due. Ils se targuent de leur persévérance comme
un marin intrépide qui dirait d'un air fier :
« mon navire touche l'un après l'autre tous les
écueils. Eh bien ! je ne daignerai pas pour cela

me déranger de ma route. » Ils s'obstinent à parler de la volonté nationale dont ils ne paraissent pas se soucier et à prôner la conservation sociale en face du discrédit des conservateurs.

Partout où quelqu'un récolte des haines, ils s'empressent d'accourir pour réclamer leur part d'impopularité.

Mais si cet état-major parle et agit comme si rien de nouveau ne s'était produit, comme si le pays n'avait pas été consulté et n'avait pas répondu, le vulgaire de ceux qui aimaient et qui aiment encore l'Empire, réfléchit. Pauvres diables, qui ont la naïveté de croire à la sincérité des doctrines d'appel au peuple, qui sont avides d'autorité et de démocratie, c'est-à-dire qui veulent que la démocratie les défende contre l'oppression d'en haut et l'autorité contre l'oppression d'en bas! Ces bonapartistes du commun voient que chaque effort aboutit à un désastre, que chaque alliance aboutit à une déception, et ils s'étonnent.

Ils croyaient que l'Empire restauré serait la stabilité, parce qu'il s'appuierait sur la volonté expresse du pays, que de la stabilité naîtrait un

grand mouvement d'affaires et de ce mouvement d'affaires une grande abondance d'argent.
Leur raisonnement se formulait ainsi : Consentement de tous, stabilité, affaires, argent. Aujourd'hui ils s'interrogent. Consentement de
tous? Il n'y paraît guère. L'Empire mis à mal
par ses amis recueille un quart des voix des
électeurs français, quelle pénurie pour un parti
qui parle sans cesse du nombre! Mais alors
l'Empire ne pourrait donc naître que d'une aventure, et d'une aventure impopulaire à en juger
par les alliances qu'a contractées le parti bonapartiste? Où est la stabilité? En admettant que
cette aventure réussît, l'avenir serait donc à un
Empire contesté, vacillant comme une République.

A quoi bon?

Voilà ce que se dit la masse du parti bonapartiste, ce qu'on n'entend ni dans les salons ni
dans les antichambres des anciens ministres,
mais ce qu'on recueille à chaque pas, si l'on in-
terroge les bonnes gens qui ne portent pas d'ai-
gle à leur cravate, mais qui votent cependant
pour le candidat de l'Empereur.

Quant aux braves et très-braves gens qui

portent des aigles à leur cravate, quant à ces vieux fidèles qui ne raisonnent pas, qui aiment le fils de Napoléon III, le petit-neveu du grand homme, sans trop savoir pourquoi, qui ont des reconnaissances et des admirations indestructibles; quant à ces dévoués qui seuls pourraient faire aboutir une restauration d'aventure, ils perdent courage peu à peu. On les a tant leurrés, on leur a tant promis le succès pour le lendemain, on leur a tant dit qu'on allait vaincre.

Et rien, toujours rien!

Les moustaches grisonnent, les torses se voûtent.

Nous ne parlons pas de ceux dont les feutres se déforment et dont les redingotes blanchissent aux coutures; nous parlons des vrais fidèles, auxquels le retour de leur prince ne vaudra rien que la forte courbature qu'ils gagneront le jour où ils resteront dix heures sur le boulevard pour acclamer le cortége de l'Empereur.

Ceux-là ne se plaignent pas qu'on ait violé les principes, qu'on ait promené l'Empire entre un duc et un évêque; ils se plaignent qu'on ne réussisse pas.

Il est évident que le parti bonapartiste s'effondre. Bientôt, s'il ne se transforme pas, son état-major accentuera encore davantage sa fusion avec les conservateurs et deviendra une annexe du parti légitimiste, du parti légitimiste qui gagne du terrain parce qu'il ne dévie pas de ses principes, parce que seul il est logique en soutenant les idées conservatrices, tandis qu'un parti de tendances et d'origine révolutionnaires comme le parti bonapartiste ne peut préconiser ces idées que par une incompréhensible contradiction. Quant à la masse du parti bonapartiste, elle ira à la République qui choque moins ses convictions démocratiques que ne fait la réaction monarchique et cléricale. Et cette admirable idée qui constitue la raison d'être de l'Empire, cette idée d'une puissance absolue, élue par le peuple, toujours révocable par lui et par conséquent toujours contrainte de lui plaire, n'aura plus de défenseur. C'est un danger public, comment y parer ?

Est-ce en s'associant à une politique de résistance désespérée contre la République ? Les bonapartistes ont déjà fait l'expérience de cette politique et elle ne leur a pas réussi. Ils ont jugé les hommes de cette résistance, ils ont vu à l'œuvre les procédés de gouvernement qu'emploient ces hommes, ils ont compris les idées qui inspirent une telle politique.

Peuvent-ils hésiter aujourd'hui à répudier les hommes, les procédés et les idées ?

Les Hommes de la résistance à la République

Ce sont de bien honnêtes gens que les conservateurs en délire qui, depuis sept années, essayent de s'opposer par la ruse ou par la force à l'installation de la République, et nous comprendrions qu'on les suivît avec confiance dans quelque entreprise régulière et bourgeoise. Si ces magistrats austères, si ces bons pères de famille, si ces ducs. d'académie eussent convié le parti bonapartiste à la confection de lois nouvelles sur l'enregistrement ou le notariat, ce parti eût dû s'abandonner à leurs conseils. Mais les suivre dans une aventure à demi illégale et tout à fait irrégulière, quelle imprudence ! Il suffisait de les regarder.

A voir tous ces excellents conservateurs se départir le 16 mai dernier de leurs habitudes correctes pour se mesurer avec les républicains, on eût dit d'un brave commerçant qui s'est aventuré dans un tripot et qui veut rivaliser d'astuce et de cynisme avec les gens du lieu. Il commence par abandonner son langage châtié qu'on admire dans les maisons correctes; il se rappelle les plus gros mots qu'il a pu entendre les jours où, se hâtant, il traversait une foule avinée et il les répète sans ménagements. Tels les ministres conservateurs lançaient du haut de la tribune parlementaire des invectives qui, jusque-là, n'avaient fleuri que sur les lèvres des députés... énergiques.

Mais l'analogie ne s'arrête pas là. Le commerçant vertueux, égaré dans un mauvais lieu, a pris, en les exagérant, les expressions des habitués; il s'efforce d'en imiter les façons. Lui qui d'ordinaire s'assied tout raide et tout guindé sur le bord de sa chaise, il s'étale maintenant sur le divan râpé de la tabagie. Bientôt il a déboutonné son gilet, et, la chemise à l'air, il a demandé une pipe. Il affecte des airs de rodomont. Lui, fidèle à son épouse, il raconte d'imaginaires bonnes fortunes; il se vante de débauches épouvantables, et il regarde d'un œil terrible certain gaillard qui a souri en entendant le récit d'un enlèvement où une duchesse jouait son rôle.

De même les vertueux conservateurs ont pris

des airs tapageurs dans le tripot politique. Ils saturaient la suave atmosphère où ils ont coutume de vivre, des odeurs les plus suspectes. Un vague parfum de caserne, de geôle et de prison les accompagnait; ils se vautraient dans les délices du pouvoir, ces ingénus! Ils devenaient débraillés, ces notaires! Ils cassaient tout autour d'eux (tout ce qui est fragile seulement : les juges de paix et les sous-préfets). Ils montraient le poing d'un air tragique, et ils calomniaient leur passé, leur irréprochable passé, leur passé de parlementaires et de jurisconsultes, de façon à faire dresser les cheveux sur la tête des plus cyniques.

Mais ils ne s'en sont pas tenus là; ils ont continué à imiter le bon commerçant en rupture de vertu. Celui-ci s'agite dans le bouge où il est entré. Une partie de cartes s'est engagée. Il a compris à qui il avait affaire. On fait sauter la coupe. « Ah! c'est ainsi, s'écrie-t-il, eh bien! à malin, malin et demi. » Il s'approche de la table, il saisit le jeu, le bat maladroitement; aux yeux de tous, il range méthodiquement les cartes. On n'a pas le courage de s'indigner, mais on rit tout haut. Son partenaire coupe et, lui, replace tranquillement les cartes dans l'ordre qu'il leur avait assigné. Cette fois, le naïf est pris par les épaules; il résiste, mais, au milieu des éclats de rire, on le renvoie à son honnêteté native.

Eh bien! bonapartistes, vous étiez dans le tripot, et vous avez vu l'inexpérience des conservateurs, leurs efforts impuissants et désespérés pour devenir des aventuriers capables de tout, leur maladresse dans les sauts de coupe politique, et vous, qui pourtant savez ce que c'est qu'une aventure, vous avez mis dans leur jeu!

Il fallait vous rappeler ce qu'était l'homme de Brumaire, ce qu'était l'homme de Décembre et vous demander si les gens de Mai leur ressemblaient.

Quelle figure terrible que celle du premier des Napoléons, au matin du dix-huit Brumaire! Quelle figure terrible que celle de ce vainqueur, prêt à la ruse, prêt à l'action, possesseur de la seule force qui subsiste dans la putréfaction des sociétés, l'armée, portant en lui la seule chose que la République n'eût pas pourrie, la gloire! Implacable, égoïste, ambitieux, vindicatif, incarnation palpable et radieuse de cette vertu qui fait si

grand défaut aux nations bavardes, la volonté.
On le savait à la hauteur de toutes les violences et
de toutes les haines. On n'ignorait pas qu'il por-
terait dans la lutte civile les habitudes brutales
de la lutte avec l'étranger.

Et l'homme de décembre ! Nous dirions «qu'il
faisait trembler les méchants et qu'il rassurait
les bons », si nous ne nous étions interdit de
rechercher ce mystérieux bon droit dont la dé-
couverte n'appartient qu'à la postérité. Mais ce
que nous pouvons affirmer, c'est que ceux qui
s'attachaient à la fortune du prince Louis-Napo-
léon se sentaient rassurés, et que les autres se
sentaient épouvantés. Il n'avait pas de grandes
victoires à remémorer. Mais quelle indomptable
énergie dans ses défaites ! Mystérieux conspira-
teur, il causait à l'imagination de ses ennemis
des effrois immenses. Quelle société secrète
l'avait vomi à deux reprises sur la France ? Quel
appui trouvait-il parmi ces perturbateurs in-
connus qu'il combattait en apparence ? Sur cette
radieuse légende du nom de Napoléon, sa personnalité se détachait en sombre. Figure morne, œil
terne, esprit chimérique, demi-penseur, demi-
rêveur, il marchait droit devant lui et l'on savait

que, sans colère, il sacrifierait à ses songes les hommes et les choses. C'était un grand vainqueur de nuit, comme son oncle fut un grand vainqueur en plein soleil. Et ceux qui le regardaient s'en aller avec son sourire vague, par delà les barricades renversées, au milieu des cadavres, calme devant la colère du peuple, calme devant le spectacle des horreurs de la lutte civile, marchant vers un but qu'on ignorait, indifférent dans la répression et dans la clémence, se disaient : « C'est peut-être le fléau de Dieu »; et ils se taisaient en baissant la tête. Si l'on voyait ceux d'hier marcher ainsi dans le sang, on dirait : « Ce sont des bouchers qui tuent pour quelque salaire » et on leur jetterait ce sang à la face avec de la boue.

Bonapartistes, comment vous êtes-vous si fort mépris ?

Mais si les hommes n'étaient pas faits pour vous tenter, les procédés de gouvernement employés par eux étaient-ils de nature à vous plaire davantage ?

Les procédés de gouvernement

Les nations semblent parfois douées d'une inépuisable patience. On leur enlève leurs droits, on saisit les plus illustres de leurs citoyens, on exige d'elles de lourdes subventions, on les expose à de sérieux périls; elles se taisent et laissent faire. Et l'on se dit, en songeant à ces soumissions exemplaires, que les peuples peuvent tout supporter.

L'on se trompe, il est de petites et vilaines vexations qui indignent et qui soulèvent ceux que de véritables despotismes n'ont pas émus. Pourquoi? C'est que les despotismes farouches apparaissent à l'esprit des foules comme des remèdes efficaces; c'est qu'on peut croire à l'utilité de ces douloureux traitements.

Les malades (et les nations se sentent toujours malades) tremblent, mais se prennent en même temps à espérer, en regardant l'appareil formidable que déploie le chirurgien.

Mais les taquineries subalternes, les petites entraves qui gênent sans arrêter, les mesquines

prescriptions auxquelles on se soumet en pro-
testant, produisent une irritation violente, parce
que la raison se révolte en même temps que le
sentiment de l'indépendance s'exaspère. Le malade comprend qu'on lui fait prendre des remèdes
impuissants qui l'importunent sans qu'il puisse
en tirer aucun profit.

Les exemples de ce que nous avançons paraissent faciles à trouver :

Si les représentants du peuple sont mis dans
l'impossibilité d'exprimer leur opinion, si les
Assemblées deviennent muettes et si l'opposition
ne peut plus exposer ses griefs, l'opinion publique pourra s'émouvoir. Mais après quelques
élans d'indignation, la plupart des bons esprits
se rappelleront quelle perturbation ont jetée
dans le pays ces Assemblées, victimes maintenant de la force ; on se souviendra des folies
qu'ont débitées les députés, des scènes scanda-
leuses et violentes qu'ont suscitées les passions
diverses, des lois désastreuses qu'on a votées et
après avoir versé une larme sur la Constitution
violée, on acceptera la solution brutale comme
une espérance.

Mais, si les députés rendus à la vie privée

ne sont point mis dans l'impuissance d'agir ; si, des débris de cette tribune qu'on a renversée, ils se construisent un piédestal d'où ils harangueront des millions de citoyens ; si, au lieu de les disperser, on les a réunis par le lien d'un malheur commun ; s'ils peuvent se targuer de leur chute comme d'un privilége ; si, en un mot, une Assemblée extra-parlementaire se reforme, une Assemblée qui cette fois n'est pas bornée par l'enceinte législative, le pays protestera. « Pourquoi, dira-t-il, faire le mal pour le mal ? Le silence ne se rétablit pas, l'incertitude du lendemain s'est accrue. Où est donc l'avantage, et à quoi bon inquiéter notre conscience pour diminuer encore notre prospérité ? »

Il en est de même à l'égard de la presse.

Les lecteurs les plus assidus des journaux politiques finissent par éprouver une sorte de lassitude. Ces polémiques sans issue, où nul ne répond aux arguments qu'on lui présente, où l'on persiste, sans souci des objections, à répéter les mêmes affirmations avec une désespérante monotonie, fatiguent même la bienveillance. Aussi n'est-il pas de lecteur qui parfois ne s'écrie : « Comme je ferais taire tous ces tapageurs, si j'étais le maître ! » Il s'ensuit que les écrivains excitent peu de sympathie quand on leur enlève leur plume. Quelques énergumènes, intéressés aux scandales, s'indignent; mais comme ils n'ont plus à leur service la forte voix de la presse, leurs plaintes restent sans écho.

Si, au contraire, le Gouvernement, au lieu de bâillonner la presse, s'acharne à lui jouer de mauvais tours, de façon à doubler l'intensité des injures, sans parvenir à les réprimer tout à fait, le plus naïf des bourgeois se révolte. Les mêmes gens qui, devant une répression radicale, disent : « C'est lamentable, mais c'est sensé », haussent les épaules lorsqu'en ouvrant leur journal, ils trouvent dans ce journal même le récit des attentats commis contre la sainte liberté des écrits. Ils pensent que, si le Gouvernement viole ce vénérable principe, il faudrait que ce fût pour quelque chose d'utile; que, du moment où le pouvoir se laisse injurier à trois millions d'exemplaires par jour, il est oiseux d'user de subterfuges pour empêcher trois mille de ces exemplaires d'arriver à leur destination; qu'enfin, il est fort ridicule de se mettre dans le cas d'être battu, berné, bafoué, et de se trouver pourtant dans son tort.

Ce que l'opinion publique supporte pour les grands corps de l'État, pour les grands organes de la presse, elle l'accepte aussi pour les fonctionnaires du Gouvernement. Elle permet qu'on les soumette à l'arbitraire, pourvu qu'on ne fasse pas maladroitement d'une question politique une affaire de sentiment. Il faut se donner beaucoup de peine pour arriver à exciter le sentiment public en faveur des fonctionnaires. Le mal qui arrive à ces agents est accueilli d'ordinaire avec plaisir. On n'aime guère les préposés du pouvoir public; leur influence semble pesante, leur carrière facile et peu méritante. Donc, toute destitution d'un fonctionnaire est d'emblée bien accueillie.

Quand un pouvoir cherche à modifier ses conditions d'existence, à vaincre un pouvoir rival, il doit tout d'abord s'entourer d'auxiliaires dévoués ; chacun est maître de changer ses serviteurs. Seulement, ce droit, ce devoir du Gouvernement, peut revêtir des aspects assez répugnants. Si l'on s'aperçoit que le Gouvernement ne se débarrasse que des agents fidèles à leurs convictions, qu'il garde avec complaisance ceux qui trahissent les anciens maîtres, si la faveur n'épargne que les plus vils, le sentiment latent, mais persistant, de la propreté politique émerge, et beaucoup de gens s'émeuvent : « C'est donc un brevet de trahison qu'on réclame des fonctionnaires ! »

Mais ce qui introduit surtout les questions de sentiment dans l'appréciation de cette épuration du personnel politique, c'est le mode d'exécution. Des semaines, des mois s'écoulent, les victimes succèdent aux victimes. Chaque matin quelqu'un tombe, et l'hécatombe quotidienne appelle les lamentations de cette presse qu'on laisse gémir. Les malheureux destinés au sacrifice arrivent de toutes parts pour fléchir ou intimider leurs bourreaux. Ils affectent une attitude fière ou bien ils remplissent l'air de leurs cris. La pitié envahit le cœur devant ce douloureux spectacle. C'est l'égorgement en détail; on peut compter chaque goutte de sang. Les épouses, les enfants, les mères se désolent et implorent. Et l'on croirait assister au massacre répété des innocents !

Puis, quand la vindicte descend aux petits et

aux humbles, quand on touche au juvénile sous-préfet qui pleure sur les frais onéreux et inutiles d'un uniforme brodé d'argent, au déplorable substitut dont l'impertinence à demi-éclose devra se restreindre désormais à la modestie du barreau, au juge de paix éploré qu'on ne saluera plus que suivant sa valeur, à l'instituteur aussi farouche que famélique, au percepteur rapé et exaspéré, les gémissements ne connaissent plus de limites. On dirait d'une volée de poussins sur lesquels tombe la main fatale de la ménagère et qui se dispersent en piaillant à fendre l'âme. Et partout au fond des provinces, les cœurs sensibles contemplent cette émigration de fonctionnaires, et l'on regarde d'un air sombre ce gouvernement maudit qui a la prétention de n'être pas trahi. Prétention exorbitante quand on prolonge l'hécatombe et qu'on la restreint à quelques-uns. Prétention acceptable quand on agit sans délais et qu'on ne vise qu'un ennemi impersonnel, le serviteur infidèle.

Mais ce que l'opinion publique supporte avec plus d'impatience encore, c'est l'exposé élogieux de certaines théories de gouvernement. Que dans un livre destiné à quelques esprits curieux, on étudie la nécessité des violences, qu'on les excuse, que parfois même on les approuve, c'est l'œuvre d'une philosophie sceptique et peut-être judicieuse. Mais quand on en est réduit à cette ressource déplorable de la force, avoir l'impertinence d'en faire l'apologie, c'est de l'aberration. Ces glorifications inopportunes de moyens contraires évidemment à la vulgaire morale sont plus nuisibles que l'application de ces moyens mêmes. Arrêtez, proscrivez, supprimez, destituez. Le bon sens public, si vous avez un but acceptable, démêlera bien de lui-même quelle est votre justification. Mais il ne veut pas que vous vous justifiez ; n'essayez donc pas d'invoquer des lois imaginaires, ne proclamez pas que vous êtes dans la rigueur du droit, ne discutez pas jurisprudence et légalité, vous exaspéreriez ce bon sens. Tel citoyen qui se voit emmener entre deux gendarmes et qui se résigne en murmurant : « C'est la loi du plus fort, » sautera à la figure de ses gardiens, s'ils entreprennent de lui prouver qu'ils agissent dans la plénitude de leur devoir. De même le peuple ne veut pas qu'on ait l'air de le prendre pour un sot, et il s'emporte contre les circulaires alambiquées, les messages fanfarons, les dépêches sereines et les apologies niaises.

Il s'emporte surtout lorsque les fanfaronnades et les menaces ne sont point suivies d'exécution. C'est là, en effet, la manifestation culminante d'une politique bête :

Vous faites savoir au pays que vous allez violer toutes les lois, anéantir la critique, supprimer la liberté individuelle. Chacun se sent à la fois tremblant et indigné. Puis vous n'agissez pas ; vous jetez de tous côtés des regards terribles, mais votre bras reste immobile ; alors on se rassure, on commence à chuchoter, enfin l'on parle et l'on raille. La terreur a disparu, mais l'indignation est restée. On vous en veut de la peur qu'on a éprouvée. On n'a plus pour vous ni respect, ni crainte, ni considération. Vous arrivez, chose inouïe, à être à la fois méprisé et haï ; c'est que vous avez oublié qu'il faut faire à ses ennemis assez de mal pour les mettre dans l'impossibilité de vous nuire, ou qu'il ne faut pas leur en faire du tout, pour ne point les exciter à vous nuire encore davantage.

Eh bien ! tous les procédés que nous venons d'énumérer n'ont-ils pas été mis en œuvre par les hommes auxquels les bonapartistes se sont alliés! Ces hommes ont voulu faire peur, et ils ont fait rire. Destinée lamentable! Et pourtant ils sont excusables, ces parlementaires qui s'efforçaient de mal tourner; ils n'avaient pas l'expérience de ces aventures. Mais les bonapartistes! Ils savent comment on procède. Un beau matin, on fait descendre quelques troupes dans la rue; on déclare que tout adversaire est un factieux et que toute opposition est séditieuse; on arrête les mécontents, et tout à coup les récriminations cessent, un silence approbateur s'établit. C'est que ceux que les mesures violentes ont atteints ne peuvent plus faire entendre leurs plaintes et sont bientôt oubliés; c'est que l'indignation n'est pas perpétuée par une série d'injustices successives, puisque les libertés se sont écroulées d'un coup; c'est que, mis en présence d'une situation nouvelle, le peuple s'habitue rapidement à cette situation, qui n'est effrayante que de loin. Le premier jour qui suivra le coup d'État, l'ouvrier aura la menace sur les lèvres, menace que la prudence lui défendra d'exprimer trop haut. En voyant que son journal est supprimé, en apprenant que ses députés

sont à Mazas, que son contre-maître est transporté, que les clubs sont fermés, il murmurera
une malédiction. Le second jour, il reprendra
son travail; on le paiera comme à l'ordinaire;
les camarades seront à l'ouvrage; on échangera
à voix basse quelques propos séditieux. Mais le
soir vient, le cabaret est ouvert, on boit, la
gaîté renaît, les conversations politiques sont
interdites, il faut parler d'autre chose; peu à peu
l'on oublie les inquiétudes patriotiques. Le sur-
lendemain, rien de nouveau ne vient envenimer
la blessure; la situation ne s'aggrave pas, la
vie ordinaire reprend son cours, et, quelques
jours après, la légèreté naturelle à l'esprit
humain fait son œuvre. Les prisonniers, les
morts, les libertés brisées, tout disparaît dans
la pénombre du souvenir. On en parle comme
d'un événement historique fâcheux. Et si le
gouvernement sait faire servir au bien public le pouvoir qu'il a dérobé; si peu à peu il
accorde des adoucissements, des grâces, des
semblants d'amnistie, les cœurs les plus ulcérés
reviennent lentement à la sympathie, et l'on
considère comme de la clémence la diminution
de la rigueur.

Avec de pareils antécédents, il est incroyable que les bonapartistes, à la vue des maladresses que commettaient leurs alliés, n'aient pas rompu brusquement l'alliance. Comment surtout ne pas l'avoir rompue en voyant l'usage honteux que l'on faisait de la loi, car les bonapartistes ont parfois méconnue la loi, mais du moins ils ne l'ont jamais déshonorée.

Ils ont eu la pudeur de ne pas associer la loi à certaines entreprises. Les hommes des coups d'État ont dit : « La loi me gêne, je la proscris ; vous me jugerez d'après mes œuvres. » Et ils assumaient bravement sur eux seuls toute la responsabilité. Le jour où l'intérêt public a permis que la loi reparût, elle était encore immaculée. Mais ces gens qui enchainent la loi à leurs caprices, qui en font leur complice dans leurs fantaisies autoritaires, qui se cachent derrière elle, lui soufflant des paroles qu'elle ne devrait pas dire, lui imposant des actes qu'elle réprouve, ces gens-là lui font plus de mal que les fauteurs de coups d'État. Ceux-ci, en effet, se contentent d'opprimer la loi, les autres la prostituent.

Les Idées

Si les procédés employés par les hommes de la réaction ont été ridicules et maladroits, les idées invoquées par eux n'étaient pas faites non plus pour leur assurer le concours des bonapartistes. Ceux qui ont tenté d'arrêter le mouvement républicain dans lequel semble entraînée la France, s'appuyaient sur les idées conservatrices, sur ces idées qui ont perdu deux monarchies : la monarchie des Bourbons et la monarchie des d'Orléans, sur ces idées qui commencent à discréditer l'Empire. Car si l'Empire a survécu à beaucoup de fautes et de désastres, si on lui a beaucoup pardonné, on ne lui pardonnera pas d'être ou de se dire conservateur. S'il l'était en réalité, il ne formerait plus qu'une *faction;* un *parti* a besoin d'un principe particulier pour subsister, et l'idée de résistance à la Révolution est déjà représentée avec une grande majesté et une grande logique par les légitimistes. Que l'Empire aille donc à ces grands et réels conservateurs, qu'il s'incline devant eux ou qu'il reste ce qu'il est : le parti des révolutionnaires dégoûtés de la République, le parti des amis du suffrage universel, cette nouveauté la plus anticonservatrice qui soit, le parti des amateurs de plébiscite, cette forme ultra-révolutionnaire de la souveraineté populaire.

L'Empire n'est pas conservateur. Pourquoi donc s'être attaché aux hommes qui invoquent les idées conservatrices, surtout au moment où ces hommes demandaient au peuple d'approuver leurs violences et leurs coups de tête?

Pour que le peuple consente à donner son absolution aux caprices des gouvernements avides d'augmenter leur pouvoir, il faut au moins qu'on lui dise que ces caprices ont pour but son intérêt. Un dialogue doit s'établir entre le peuple et le pouvoir. Le pouvoir déclare et prouve facilement que la situation politique n'est point favorable aux pauvres gens (il en est toujours ainsi). Il montre les assemblées occupées de querelles de détail, absorbées par des préoccupations mesquines, livrées aux intrigues et aux luttes de l'ambition; la magistrature hostile aux petits, servile vis-à-vis des grands; les lois favorables aux puissants et inaccessibles aux faibles. Et il adjure le peuple de ne point défendre ces lois, ces magistrats, ces assemblées, contre les entreprises d'un gouvernement sympathique aux misérables.

Après avoir fait devant le peuple le procès aux institutions qu'il veut renverser, le gouvernement se décide à annoncer comment il prétend les remplacer. Il affirme que c'est en vue du bien public qu'il va agir; il ne cherche qu'à détruire les obstacles qui empêchent les améliorations favorables à la multitude. Puis il énumère ces améliorations. Il choisit celles que les meneurs du peuple réclament avec le plus d'ardeur : l'égalité réelle de l'ouvrier et du patron, la meilleure répartition des impôts, l'adoucissement du service militaire, etc., etc. Enfin, quand la multitude charmée a acclamé ce programme, il dit : « Laissez-moi supprimer tout ce qui m'empêche de vous secourir. Laissez-moi acquérir la puissance nécessaire pour vous donner tout ce que je vous ai promis. » Et le peuple répond : « Merci, maître. A toi notre bras, notre argent, notre liberté, notre vie. Abats ceux que nous haïssons, et nous t'aiderons à les fouler aux pieds. »

C'est un dialogue de cette sorte qui a rendu possible le coup d'État du 2 décembre.

Au lieu de cela, voilà que cette fois le pouvoir ambitieux qui gouvernait la France et qui voulait y conquérir l'omnipotence, a proclamé les avantages qu'il préparait pour les conservateurs. Or, qui dit avantage pour les conservateurs, dit inconvénient pour la masse de la nation. Est-il douteux que la masse du peuple souffre, peine, s'exténue? Est-il douteux qu'elle aspire ardemment à un renouveau social? Non. Donc elle n'est pas satisfaite; donc elle n'est pas conservatrice. Eh' bien! affirmer qu'on agit pour le compte des conservateurs, c'est affirmer qu'on agit pour le petit nombre. On peut, à la rigueur, parler ainsi quand on ne demande que le maintien de ce qui existe. Mais le dire quand on réclame de cette nation une formelle adhésion à un acte brutal, quand on l'adjure de vaincre ses répugnances pour la violence, quand on veut qu'elle oublie son amour de la paix publique, c'est faire injure au vulgaire bon sens.

Qu'advient-il, en effet, aux fauteurs des aventures politiques tentées au profit des conservateurs? Ils irritent la populace sans même parvenir à plaire aux privilégiés. La populace est blessée dans ses susceptibilités comme dans ses intérêts. Et, d'autre part, chaque conservateur s'étonne. Sans doute, on lui dit que son monopole de bonheur est menacé, qu'une révolution se prépare contre lui, mais son sentiment prédominant est toujours la haine du changement. Il sent instinctivement que ses prétendus droits ne s'appuyent que sur une convention qu'il ne faudrait pas examiner de trop près, que de toute bagarre il peut sortir une explication et qu'il vaut mieux ne pas s'expliquer. De plus, il a mille plaisirs, mille affaires, mille habitudes que la lutte ouverte trouble profondément.

Cependant, tout en enrageant il se rend aux exhortations et il s'apprête à défendre son ami le gouvernement.

Le premier jour il est tout ardeur. Au sein de sa famille il a répété les propos menaçants qu'on lui a tenus ; il a lu à haute voix un article furibond où l'on affirme que les conservateurs doivent à la bonne cause leur vie et leur fortune. « Notre fortune, » a dit le bon conservateur, et il songe à ouvrir sa caisse. La famille se réunit en conseil. Combien enverra-t-on au comité voisin qui recueille les offrandes? « J'ai un million, s'écrie le père, un million que les infâmes révolutionnaires me déroberaient s'ils étaient les maîtres. Eh bien ! j'en sacrifierai une part importante pour sauver le reste. Je donnerai cent mille francs. »

— Cent mille francs! reprend sa femme. Et comment les trouveras-tu? Vas-tu vendre tes valeurs qui sont en baisse ou hypothéquer ta maison de Paris, au risque de te déconsidérer? Est-ce que nos amis ont envoyé une aussi forte somme? Et ils sont plus riches que nous.

— Alors vingt mille francs, fait le père de famille, c'est déjà un beau chiffre. Et si chacun en faisait autant...

— Vingt mille francs! s'écrie le fils. Et comment payeras-tu le cheval que je viens d'acheter. Je suis en retard avec mes fournisseurs. Veux-tu voir les huissiers à la maison? Cela ne fera pas bon effet pour le parti des honnêtes gens.

— C'est vrai ! mettons cinq mille.

— Cinq mille ! fait la fille. Et moi qui n'ai pas payé mes toilettes d'été.

— Mettons mille.

— Oh ! si nous arrivons aux petites souscriptions, aux souscriptions ordinaires, observe la femme, imitons les autres et donnons cent francs.

—J'en enverrai vingt et j'éviterai toute critique, répond le bon conservateur en manière de conclusion.

Les vingt francs ont été envoyés, mais le gouvernement entend qu'on fasse une autre propagande, la propagande de chaque jour qui répand la bonne parole dans l'oreille du faible et de l'humble.

Le conservateur ne répugne pas à parler politique. Cette sorte de propagande lui est facile et il s'y livre abondamment. Aussi toutes les fois qu'il a affaire à quelque représentant des classes laborieuses, il se laisse aller à sa verve endiablée. Devant son domestique, son cocher, son coiffeur, son jardinier, son maçon, il pérore : « C'en est fait de ces misérables sans feu ni lieu, sans sou ni maille, qui nous menaçaient. La canaille va être vaincue. Il n'y aura plus de place au soleil que pour les personnes distinguées, instruites, qui tiennent leur rang en ce monde. » Et le membre de la canaille qui écoute et qui a besoin du conservateur se tait, mais il conçoit une haine qui pour être latente n'en est que plus vigoureuse. Il se retire, humilié, exaspéré et il se dit, il dit à ses pareils : « Ah ! c'est la guerre à mort avec la canaille ; eh bien ! la canaille rendra coups pour coups et pour ne pas être exterminée, elle exterminera. »

- Le conservateur ne se contente pas toujours de ces conversations discrètes ; s'il se croit quelque talent ou quelque éloquence, s'il a une tribune ou un moyen de publicité, il répand ses doctrines à des milliers d'exemplaires. Il jette des cris de guerre à travers les journaux, et menace la multitude de ses fureurs. Il n'est cependant pas méchant, le conservateur ; s'il était le maître, il passerait difficilement de la menace à l'action. Mais il aime à brandir une épée de carton. Il voudrait faire peur. Il se contente d'indigner ses adversaires et de leur donner du cœur.

-Pourtant ce beau feu va bientôt s'éteindre. Le conservateur, après s'être occupé à détruire le peu de popularité qui pouvait lui rester, a trouvé une occupation encore plus intéressante. Il blâme une des mesures qu'a prises le Gouvernement : le chef de l'État s'est montré faible ou violent, maladroit ou rusé, persécuteur ou généreux. Le parti conservateur est formé de personnalités qui sont très-fières d'elles-mêmes, qui combattent pour leur propre intérêt et qui font résider surtout cet intérêt dans l'influence qu'elles exercent. Aussi, dès que le pouvoir s'écarte de la ligne idéale que l'une d'elles lui a tracée, cette personnalité offensée proteste avec éclat.

De là séparations, querelles, raccommodements et discussions éternelles. Les rancunes s'enveniment entre ces prétendus alliés, et, tandis qu'ils devraient tourner tous leurs efforts contre leurs adversaires communs, ils s'acharnent à lutter entre eux.

Cela n'arrive pas aux révolutionnaires, c'est-à-dire à ceux qui demandent des modifications profondes à l'ordre social existant.

Pourquoi ?

Parce que ce n'est pas seulement une amélioration à une condition déjà bonne que cherchent ceux-ci, ils combattent pour la vie. Et comme ils veulent le succès avec passion, ils oublient leurs griefs, leurs jalousies, leurs petites rivalités.

Le jour où les conservateurs combattraient

aussi pour la vie, ils retrouveraient la même union.

Mais quand ce qu'ils recherchent est secondaire, quand le péril n'est pas immédiat, ils ont le loisir de songer à leurs préférences personnelles, et ils s'y attachent. Ils s'efforcent de se distinguer par leurs critiques, par leur perspicacité, de façon à pouvoir dire, en cas de défaite : « Je l'avais bien prévu », et à sortir de la déroute aussi contents d'eux-mêmes que s'ils étaient victorieux.

Au lieu de s'appuyer sur ces piètres alliés, il faut avoir avec soi, lorsque l'on fait un coup d'audace, l'armée révolutionnaire.

Sans doute, cette armée n'est pas désintéressée ; mais elle a cet avantage d'être la multitude, car tout paysan et tout ouvrier a désormais le sentiment vague d'une transformation de la société où il est en bas et où il voudrait être en haut. Même celui qui vote encore pour le conservateur, n'est qu'un révolutionnaire prudent qui attend d'avoir la certitude du succès pour entrer en lutte avec le passé.

Cette armée-là, aux heures décisives, ne songe plus qu'à vaincre ses ennemis séculaires, les privilégiés du bonheur, et elle va sur eux dès qu'on les lui montre du doigt. Elle a donc à la fois l'avantage du nombre et l'avantage de la volonté.

Comment ne serait-elle pas victorieuse?

C'est elle qui a fait réussir le coup d'État du 2 décembre, où, les bonapartistes l'oublient trop, on faisait un appel pressant aux passions vives de la démocratie; et c'est elle qui fait échouer aujourd'hui tout ce qu'on essaye au nom des conservateurs, car le parti républicain a su la tenir à sa solde. Le parti bonapartiste la lui reprendra quand il daignera.

Mais, nous dira-t-on, cet infortuné parti conservateur, faut-il donc l'offrir comme un appât à l'avidité de la foule déchaînée? Dieu nous garde d'émettre une telle pensée! Il est intéressant, ce pauvre parti conservateur, si vilipendé. Il contient de braves gens, et même des gens d'esprit. S'il consentait à jouir tranquillement de sa prospérité, sans vouloir que cette jouissance tranquille soit un titre au gouvernement des choses publiques, il mériterait toute estime. Tel qu'il est, il faut lui accorder quelque considération et se garder de le mettre hors de lui par des brutalités ou des menaces. Les conservateurs ne sont sans doute jamais favorables au personnage qui gouverne en invoquant les idées révolutionnaires; mais, quand ils voient que le peuple flatté est en même temps soumis, ils se rassurent. Chez tout chef d'Etat, même quand il a été soutenu par les révolutionnaires, il y a après le succès un apaisement. Celui qui a réussi n'en veut jamais aux heureux de ce monde. Les conservateurs savent qu'avec un peu d'humilité ils conquerront les bonnes grâces des gouvernants. Ils ne se désespèrent donc pas, et, après le succès, ils ne demandent qu'à acclamer le vainqueur. Le vainqueur paye ces acclamations de quelques bienfaits, et il protége le parti conservateur qui est l'ornement indispensable d'une antichambre impériale ou présidentielle.

O vous qui aimez le parti conservateur et qui voulez le sauver, gardez-vous d'invoquer ses principes, d'appeler ses illustrations dans vos conseils; séparez-vous de lui, niez ses idées, méconnaissez ses hommes!

Restez populaires avant tout, affermissez d'abord votre pouvoir.

En vous secondant, le parti conservateur

vous infligerait son impopularité et vous perdrait.

Puis, quand vous serez tout-puissants, si vous en avez le caprice, défendez les conservateurs à l'aide de la popularité que vous aurez acquise en les dédaignant.

Aujourd'hui

Les bonapartistes ont, pour les détourner de la route qu'ils suivent, leurs principes, leurs traditions et l'expérience qu'ils viennent de faire. Leur est-il cependant aussi facile qu'on l'imagine de changer de ligne de conduite? Non. Ils se trouvent dans un grand embarras, placés comme ils le sont entre leurs affections et leurs doctrines. Et nous parlons surtout ici de ceux qui président aux destinées de ce parti.

Leurs affections comme leurs alliances, leur ordonnent de résister vigoureusement à la République, au nom des idées conservatrices. Leurs doctrines les obligent au contraire à s'incliner devant les ordres du peuple. Et malheureusement pour le parti bonapartiste ces ordres ne sont que trop clairs.

Qu'a déclaré le pays, le 14 octobre dernier? Qu'il voulait qu'on établît la République et qu'on la mît aux mains des républicains. Pour le contester, il faut être trop habile ou trop naïf.

Sans doute, la décision de la France n'a pas

la netteté qu'elle prendrait si le pays, interrogé directement par voie plébescitaire, avait répondu formellement : « Je vote pour la République. » Sans doute, de part et d'autre, quelques préférences personnelles ont entraîné des électeurs républicains à voter pour des candidats bonapartistes ou monarchistes, et des bonapartistes à voter pour des républicains. Sans doute, les suffrages à deux degrés (et l'élection des députés dans les circonstances où elle vient de se faire n'a été qu'un suffrage plébiscitaire à deux degrés), ont toujours des obscurités et des ambiguïtés. Mais en faisant la part la plus large à ces causes d'erreur, qui du reste se sont balancées au préjudice et à l'avantage des deux partis en présence, il est incontestable que plus que jamais la France a pris des noms d'hommes comme symbole de ses préférences politiques.

Jamais l'intelligence, la position sociale, la personne du candidat ne sont moins entrées en ligne de compte. On voyait dans les plus petites bourgades ce qu'on ne voit d'ordinaire qu'à Paris, on voyait la sympathie s'affirmer en faveur d'un candidat, tandis que chacun votait contre lui à cause de ses doctrines. Que de fois n'avons-nous pas entendu en province les adversaires de tel candidat reconnaître tout haut sa supériorité sur son concurrent, dire : « M. X. est un homme supérieur, bienveillant, aimable. Il tiendrait une grande place à la Chambre. Notre candidat, au contraire, est médiocre, antipathique. Et nous regrettons fort de donner nos voix à un tel personnage ; mais son succès sera le succès de la République ; mais son échec serait la preuve que nous approuvons les tentatives que l'on a faites contre la République, nous voterons tous pour lui ! » Autrefois, à Paris seulement et dans quelques grandes villes, on laissait de côté les qualités personnelles des candidats, pour s'attacher uniquement à leurs idées. Autrefois, à Paris seulement, lorsqu'on écoutait deux concurrents, on applaudissait le plus éloquent et le plus spirituel, et l'on votait pour l'autre si l'autre exprimait des principes plus conformes aux vôtres. Mais aux dernières élections, il en a été ainsi à peu près partout. Et là où il n'en a pas été ainsi, ce n'est pas le plus souvent la République qui a profité de l'exception, car le candidat anti-républicain a d'ordinaire plus d'influence personnelle que son concurrent. Il n'est pas toujours le plus riche, depuis que la bourgeoisie opulente cherche à satisfaire dans les rangs du centre gauche ses ambitions politiques; mais il se trouve en possession de l'importance locale. S'il est conservateur, c'est que, la plupart du temps, sa famille, aristocratique ou non, exerce de père en fils une sorte de domination. Dans ces fiefs électoraux, on vote encore pour M. un tel, député de temps immémorial et même pour son fils. Mais on citerait à peine un seul exemple d'un de ces fiefs placés aux mains des républicains. Les républicains ont une puissance de trop fraîche date pour avoir encore l'antique possession. Ils profitent donc très-rarement de leur situation personnelle. Concluons que sous le couvert des noms obscurs ou illustres qu'il a choisis, le peuple français a cette fois et très-nettement voté pour la République.

Nous savons très-bien qu'on a prétendu que, trompé par de perfides allégations, le peuple français avait voté non point pour la République, mais contre le rétablissement de la dîme et de la rente, contre la déclaration de guerre à l'Italie, contre la prépondérance du clergé dont on le menaçait, que son opinion viciée dans ses motifs n'a aucune valeur. Nous savons très-bien aussi que toutes les manœuvres dont on accuse à cet égard les républicains, ont existé au degré le plus éminent et qu'elles ont fait une impression sérieuse sur les électeurs. Mais, d'autre part, nous n'ignorons pas que le reproche d'avoir intimidé le suffrage universel est également fondé, quand il s'adresse aux adversaires de la Républiqne. Et de même que l'énumération des griefs que peuvent soulever les procédés des républicains est accablante, de même qu'elle pourrait se prolonger durant plusieurs législatures sans s'épuiser, de même le récit des innombrables vexations infligées, des énormes inexactitudes avancées, des méprisables terreurs inspirées par leurs adversaires fatiguerait la loquacité de plusieurs générations de leaders.

Sans doute, ce pauvre diable d'électeur revenait du cabaret la tête pleine dés fantômes du temps passé. En marchant lentement le long de la lisière du bois, il revoyait, se profilant sur le ciel nuageux, la tour aujourd'hui renversée du castel féodal. Il lui semblait entendre encore les cris de ses pères enfermés dans les cachots du donjon, de ses pères dont tout à l'heure l'aubergiste lui racontait la douloureuse histoire. Il croyait à chaque détour du chemin trouver le gros d'hommes armés qui s'en allait jadis quérir les jolies filles des alentours. Et quand il débouchait dans la vaste plaine, il s'imaginait voir, à la lueur de la lune, des masses immenses d'hommes portant la croix sur la poitrine, commandés par les curés de la province, et partant en guerre pour sauver Rome et la France, au nom du Sacré-Cœur, comme l'annonçait chaque jour le médecin.

Mais, rentré chez lui, à ces impressions terrifiantes, venaient s'opposer des craintes plus sérieuses et plus prochaines. C'était le propriétaire de la ferme, conservateur résolu, qui donnait des ordres formels : « Vote bien ou je ne renouvellerai pas ton bail ; vote bien, ou je t'obligerai à payer ton arriéré, vote bien et fais bien voter. Ton vote n'est rien, tu es responsable de tous les votes de ta maison. » Et derrière le propriétaire, le maire : « Vote bien ou pas de chemins, vote bien ou pas de secours, vote bien ou pas de merci. » Et derrière le maire, le curé : « Vote bien ou pas de prières, vote bien ou pas

de salut. » Et derrière le curé, le percepteur :
« Vote bien ou la poursuite immédiate, sans
trève ni pardon. » Et derrière le percepteur, le
préfet : « Vote bien ou pas d'aide du gouvernement pour tes écoles, tes routes, ton église, ta
mairie. » Et derrière le préfet, toute l'adminis-
tration : « Vote bien ou ton fils le cantonnier
sera révoqué ; ou ton cousin le receveur sera
déplacé ; ou ton oncle le buraliste sera disgracié ;
ou ton frère le piqueur sera mis à pied. » Et
tous ensemble : « Vote bien et tu auras tolé-
rance, places pour tes proches, le paradis au
ciel et l'argent sur la terre. » — Et le paysan
réfléchissait. Entre ces menaces et ces promesses, il perdait la tête, il ne voyait plus clairement
son intérêt, et il finissait par voter pour ce qu'il
croyait être le juste et le vrai. Les influences
qui devaient tromper l'électeur se sont annulées,
et le pays a proclamé sa véritable pensée.

Quelle est la pensée du pays ? Est-il républicain par raisonnement ou par entraînement ?
Considère-t-il la forme républicaine comme su-
périeure aux autres, comme susceptible de favo-
riser les réformes, comme plus conforme au
progrès moderne, comme propre à amener la

stabilité et la prospérité ? Nous ne le pensons pas. Les masses jugent surtout par l'expérience du passé. Or, la forme républicaine est essentiellement liée en France à des souvenirs de troubles et de désastres. Non, la France n'est pas républicaine par principe ; elle n'est pas républicaine par reconnaissance, mais elle veut essayer de la République.

Voilà vingt-cinq ans qu'on dit à la France que la République est une panacée universelle. Pendant l'Empire on le murmurait, parce que les maux étant petits, les remèdes n'étaient pas très-désirés. Après les événements de 1870-1871, on l'a crié très-haut, si haut que, sans avoir convaincu la nation, on lui a inspiré une extrême curiosité. Et comme les maux deviennent de jour en jour plus sérieux, comme de l'état aigü ils passent à l'état chronique, la France lassée veut tenter quelque chose de nouveau. Elle ressemble au malade qui lit chaque matin à la quatrième page de son journal que la « salutaire vivifiante » délivre de toutes les douleurs. Le premier jour il en rit ; mais au bout de six mois, lorsqu'il a essayé de tous les docteurs de la Faculté officielle et qu'il n'a point senti de soulagement, l'annonce lui revient à la pensée ; il se dit : « Je devrais prendre de la « salutaire vivifiante ». Si on le laisse faire, si, dès le premier jour, des médecins sensés sachant que la « vivifiante » est innoffensive, ou que tout au plus elle peut donner de la fièvre au malade mais qu'elle ne le tuera pas, satisfont son caprice et envoient chercher le médicament désiré, le malade en prend un peu, beaucoup, trop et s'en dégoûte. Mais si, obstinément, on refuse de le contenter, si on l'obsède de raisonnements exagérés et faux, si on lui répète que ce sont les inventeurs. de la « vivifiante » qui l'empoisonnent pour vendre leur marchandise, si on combat cette drogue avec des arguments maladroits, le malade s'emporte en appétits désordonnés. La médecine qui lui semblait d'abord ridicule, prend ponr lui l'apparence d'un trésor divin. Il veut en goûter, coûte que coûte. Pour en avoir, il sortira de son lit, battra sa garde-malade, repoussera son médecin et s'en ira vider sa bourse entre les mains du vendeur.

La France a envie de prendre de la « vivifiante ». Laissez-la faire.

Que risquez-vous ?

Pourquoi l'en empêcher? Si vous êtes préfet de l'ordre moral, ou ancien fonctionnaire famélique, si votre journal ne se soutenait que par les fonds secrets, si vous vous êtes compromis comme avocat général ou si votre élection a été invalidée par la gauche, ne lisez pas ceci. Mais si vous êtes, comme la grande majorité des lecteurs, un négociant, un savant, un employé, un cultivateur, un ouvrier ou un oisif, si la politique n'est pas pour vous un gagne-pain, demandez-vous pourquoi vous n'essayeriez pas de la République.

Entrez dans une réunion électorale publique ou privée, à Paris ou dans le plus lointain des départements. Parlez en faveur de ce qu'il vous plaira, de l'Empire, du Pape, même du Maréchal. On vous écoutera si vous êtes poli et si vous ne commencez pas, à l'instar de certains orateurs qui se plaignent de « l'intolérance des foules », par déclarer que vos auditeurs sont des républicains et que tous les républicains sont des drôles. On vous écoutera et, si vous avez de l'esprit ou du bon sens, on vous applaudira. On vous fera même l'honneur de vous répondre avec moins d'inexpérience et de brutalité que vous ne l'imaginez et l'on vous dira : « Monsieur, ou citoyen, vous faites l'éloge de l'Empire, du Pape ou du Maréchal, vous dites que ce sont les vrais amis du peuple et que la République ne fait rien pour le peuple. Cela est vrai : la République que nous avons eue n'a rien fait pour le peuple. Mais nous ne connaissons pas encore la vraie République, la République aux mains des républicains. La République anti-républicaine qui existe nous a délaissés. Il est possible que la vraie nous délaisse aussi. Mais il faut en faire l'expérience. Repassez dans quelques années, monsieur, et si, comme vous le dites, notre République n'a rien fait pour nous, nous causerons de votre Empire, de votre Pape ou même de votre Maréchal. »

Voilà ce que vous entendrez si vous allez vous entretenir avec le peuple, et si vous avez soin de ne pas commencer par parler de Sedan, de la Commune, du 24 Mai ou du 2 Décembre. Laissez ces sujets à ceux qui désirent renouveler leur répertoire d'injures. Pour vous qui voulez vous instruire, abandonnez ces lieux communs explosibles, et vous direz en sortant : « Il faut absolument essayer de la République. Tant que l'expérience n'en aura pas été faite, ce peuple n'entendra pas raison. »

Que risquez-vous ?

Ou la République fera du bien ou la République fera du mal.

Puisse-t-elle faire du bien ! Puissions-nous, nous autres bonapartistes, être aveugles et insensés ! S'il était vrai que ce pauvre diable de pays, si disposé au travail qu'il parvient au milieu de toutes ces crises à produire encore des œuvres belles et utiles, pût trouver le repos et le calme dans la République, dût cette République punir cruellement notre aveuglement, il serait bon qu'elle triomphât. Fût-ce au prix de nouvelles violences, fût-ce au prix de crimes nouveaux, si la République peut, par la force ou la terreur, rétablir la paix publique, puisse-t-elle être victorieuse !

Mais si par malheur nous ne nous trompons pas, si ce que nous ont appris la réflexion et l'histoire est vrai, trop vrai ; si la République, dans un pays de centralisation, n'aboutit qu'au despotisme anonyme et versatile d'une Convention ou à l'affaiblissement d'un parlementarisme sans contrepoids monarchique, s'il est vrai que les pouvoirs républicains n'ayant ni unité de vues, ni stabilité, sont condamnés à user toutes leurs forces à défendre leur misérable existence, si par conséquent la République est l'impuissance dans l'agitation, faisons, faisons vite la République.

Faisons la République, pour que nul républicain ne cache plus son incapacité sous le prétexte facile d'une tutelle gênante.

Faisons la République, pour que toutes les responsabilités apparaissent au grand jour.

Faisons la République, pour qu'on voie la déesse à l'œuvre, pour qu'elle descende enfin de son piédestal, l'oisive divinité.

Faisons la République, pour que la République combatte contre la réalité, pour qu'elle se prenne corps à corps avec la pratique des affaires.

Allons, à l'ouvrage, République sacrée. Qu'on voie tes beaux bras sortir de leur fainéantise et qu'on sache si tu es bonne à autre chose qu'à faire flotter au vent des draperies écarlates ou tricolores.

Faisons la République, ou plutôt permettons qu'on la fasse. Peut-on la gêner dans son triomphe? Peut-être, pour quelque temps encore. Avec l'alliance de tous les mécontents, de tous les inquiets, de tous les déçus, on reculerait l'échéance fatale où le pouvoir sera complétement livré aux républicains. On perdra encore du temps, comme on a perdu, au point de vue de la solution décisive du grand conflit pendant en France, toute la période qui s'est écoulée depuis le 24 Mai 1873. Si, à cette époque, M. Thiers avait triomphé, grâce aux votes favorables des bonapartistes, l'expérience serait faite aujourd'hui. On saurait si la République peut rendre la France forte, prospère, heureuse. Et si, sous l'égide d'un homme populaire, la République n'avait pas répondu à ce qu'on attendait d'elle, elle serait jugée, et jugée définitivement. Du reste, que ce jugement ait été favorable ou sévère, le pays en aurait profité. Ou bien la République serait à terre et à sa place s'élèverait déjà une monarchie durable; ou bien elle vivrait, triomphante, honorée, ralliant tous les cœurs et tous les suffrages, permettant à tous de compter sur l'avenir.

Mais que sert de récriminer? Certes, le vulgaire du parti bonapartiste aurait le droit de se plaindre et de dire à ses chefs : « Vous vous êtes trompés le 24 mai 1873 en perpétuant l'indécision et en ajonrnant la solution du conflit ; vous vous êtes trompés le 16 mai 1877 en vous associant à des faibles et à des incapables, en compromettant l'Empire dans une équipée qu'a condamnée la majorité du pays ; vous n'avez plus notre confiance. » Mais comme l'armée bonapartiste en désarroi n'a pas le choix entre différents chefs, comme dans une immense pénurie d'hommes supérieurs, il lui faut s'abandonner au caprice des meneurs qu'elle suit aujourd'hui ou se passer de direction, elle doit se montrer indulgente et admettre au pardon ceux qui se frappent la poitrine en disant : « nous avons eu tort. »

Donc silence pour le passé, mais que du moins le passé serve à quelque chose et qu'on ne l'aggrave pas. En face de la volonté exprimée par le pays un monarchiste peut résister, un bonapartiste ne le peut pas.

En vain, criera-t-il que l'expérience de la République peut offrir d'effroyables dangers, qu'elle peut perdre le pays, qu'après la République, il ne restera que des ruines. Il a proclamé mille fois : « que le peuple est libre de ses destinées, que seul il fait la loi et le droit et que s'il veut aller à la mort, nul ne saurait l'arrêter. » Le bonapartiste doit donc être logique et ne pas prendre plus de souci de l'existence de la nation que la nation n'en prend elle-même.

Mais, le danger n'est pas si terrible. L'argument présenté en faveur de la résistance à outrance a le mérite d'être clair. On dit : « Les républicains modérés qui prendront tout d'abord le pouvoir seront remplacés bientôt par des républicains plus ardents. Puis arriveront les radicaux, c'est-à-dire ceux qui veulent que l'avénement de la République entraîne quelques réformes. Derrière eux, voici les intransigeants qui exigent impérieusement et immédiatement ces réformes; enfin, les partisans de la Commune sont là qui attendent leur heure. »

Cette prédiction, fut-elle véridique, ne justifierait pas une résistance opiniâtre à la volonté de la nation. La France ne périrait pas pour si peu. Si le radicalisme triomphait, si les lois sur la séparation de corps, sur l'impôt, sur la magistrature, sur l'armée, etc., étaient modifiées, cela ne tuerait pas la France ; au contraire. De certaines réformes législatives, fussent-elles exagérées, il resterait quelque chose d'utile, comme il est resté de tout le fatras constitutionnel de la grande Révolution, l'essence même des gouvernemeuts modernes.

« Mais les radicaux seront dépassés ! La Commune est là sous quelque nom qu'on la cache, c'est-à-dire l'invasion des désespérés et des révoltés, le massacre, l'incendie, l'assassinat. » Mieux vaudraient ces horreurs que la stagnation éternelle ! Quelques centaines, quelques milliers de têtes dussent-elles tomber, un si terrible sacrifice serait préférable, s'il devait éclairer le bon sens du pays, à cette décrépitude morale, à cette décadence générale à laquelle nous assistons. Un pays même frappé dans ses hommes les plus éminents survit et se relève, un pays abruti par l'incertitude du lendemain et les querelles de parti s'affaisse et meurt. Plutôt la Commune sanglante suivie nécessairement d'un réveil du bon sens public que le parlementarisme abêti, où le bon sens public s'endort. Plutôt le coup de couteau que la paralysie générale.

Mais de telles extrémités ne sont pas à redouter. Qu'on en soit persuadé, les chefs actuels du parti républicain défendront le pouvoir qu'ils détiendront avec une énergie merveilleuse. Ils l'ont prouvé en mai 1871. On peut leur confier le soin du pays, quand ce soin est lié à la sauvegarde de leur puissance. Ils n'arment le peuple que lorsqu'il s'agit de prendre d'assaut le pouvoir auquel ils aspirent. Quand ils possèdent ce pouvoir, ils laissent le peuple désarmé. Et seuls les sections armées ou les bataillons armés de la garde nationale font la Terreur ou la Commune ; seule, la populace en armes impose les grandes violences aux assemblées ou aux comités (l'exercice du pouvoir calmant vite les plus exaltés), et de populace en armes, il n'y en aura plus dans notre pays. Est-ce un bien ou un mal, un signe de progrès ou de décrépitude ? Qui le dira ? Mais en France on ne trouve plus de quoi faire une insurrection. Quiconque, en ce temps où l'on parle si souvent des ouvriers, a eu la curiosité de les voir de près, le sait et le répète. Il n'y a pas à Paris, non plus que dans aucune grande ville, un ouvrier qui prendrait le fusil pour une cause quelconque. Et les députés de Paris ne se font pas d'illusion à cet égard. Ceux qui ont obtenu dans les faubourgs les majorités les plus écrasantes peuvent se revêtir de leurs insignes et se promener dans leur circonscription, en criant : « Aux armes ! » pas un seul de leurs électeurs ne descendra à leur voix.

Signe de force, dit-on ; signe de faiblesse, pensons-nous. La Commune a été un effort désespéré et inutile. Les révolutionnaires savent qu'ils n'auront pas de longtemps des fortifications, des canons et des munitions. Ils ont perdu la partie avec tous les atouts en main, ils ne veulent plus la risquer avec des cartes douteuses, et ils laissent faire le 16 mai sans ébaucher une barricade.

Signe aussi d'indifférence. La politique ne les intéresse plus guère : ils ont été si fort et si souvent trompés ! Il est vrai que cette indifférence disparaîtrait lorsque le parti républicain radical serait aux affaires et que l'ouvrier, voyant au pouvoir ceux qui lui ont tant promis, réclamerait sa part avec insistance. Mais la faiblesse demeurerait ; la résistance des républicains empanachés serait désespérée, plus désespérée même que celle qu'eussent opposée les conservateurs. Suivant toute probabilité, elle serait victorieuse.

Les risques à courir en faisant la République se bornent donc au triomphe de l'école radicale, qui réclame quelques réformes, réformes d'une importance très-médiocre et dont on se fait un épouvantail, parce qu'on ne les connaît pas.

Quand on pense que le rétablissement du divorce, du divorce établi dans les pays les plus conservateurs et les plus aristocratiques du monde, est considéré comme l'une des plus effroyables de ces réformes, on juge de l'innocuité des autres.

Il est vrai que plusieurs de ces réformes s'attaqueraient à de sérieux abus et que beaucoup de gens profitent ou vivent de ces abus. Ceux-là se plaindront : tant mieux !

Mais le triomphe de la République véritable ne se bornera pas, croyons-nous, à ces salutaires résultats qui nous la feraient bénir. L'influence néfaste du gouvernement républicain, c'est-à-dire du gouvernement par les assemblées, se montrera bien vite, et ce jour-là la République sera condamnée.

Quelle doit donc être aujourd'hui l'attitude des bonapartistes logiques, serviteurs fidèles de la volonté du peuple ? Doivent-ils se faire républicains, déclarer que la République est le gouvernement le plus approprié à notre temps et à notre pays et la servir avec dévouement ? Nullement. On a beau s'incliner devant le suffrage du grand nombre, on ne peut forcer son esprit à croire ce que son esprit ne trouve pas juste et à admirer ce qu'il repousse ; ce serait le *credo quia absurdum* transporté de l'Église au peuple.

D'autre part, le peuple ne peut arracher personne à des sympathies et à des fidélités respectables. S'il plaît à un bonapartiste de garder ses affections pour des exilés, qui pourra blâmer sa conduite ? Libre à lui de dire tout haut : « Il est là-bas, hors de France, un prince qui songe dans le silence. Il n'élève point la voix pour protester ou pour maudire ; il s'est fait de son exil un refuge contre les rancunes. Pendant que les hommes d'État se supplantent les uns les autres, lui, les regarde faire, et il est pris d'une immense pitié pour ce peuple qu'on foule aux pieds dans la mêlée. Le jour où le peuple voudra se relever, qu'il crie à ce prince : « Viens! » et le prince viendra ; et les opprimés auront un protecteur et les oppresseurs auront un maître. » Tant que ce bonapartiste subordonnera le triomphe de ses sympathies au choix populaire, ces sympathies ne seront pas séditieuses et il pourra les garder envers et contre toutes les préférences de la nation.

Mais ce que les bonapartistes soumis au suffrage universel sont obligés de faire, c'est, sans hésitation, sans équivoques, de reconnaître la République et de la respecter. Elle est l'œuvre du peuple ; elle ne doit plus être insultée désormais. Qu'on essaie de faire revenir le peuple sur son jugement, qu'on lui répète qu'il s'est trompé, rien de plus licite ; mais qu'on n'aille pas plus loin. Quand on s'attaquait à l'œuvre d'une assemblée, ou encore à ce qu'on croyait le produit d'un caprice ou d'une intrigue, on avait d'autres droits ; devant l'ouvrage de la volonté réfléchie de la France, il n'y a place que pour la déférence.

Et la critique même, quelque licite qu'elle

soit, pourrait être fructueusement remplacée par une autre sorte de propagande. La République, quoi qu'on fasse, la République des républicains, sera bientôt toute-puissante. Qu'on la laisse agir, afin de ne pas lui donner le regain de popularité que lui assureraient les attaques. La République, avec ses crimes de la Terreur, de juin 48 et de la Commune, avec ses défaillances de toutes les époques, est chez nous une accusée. Laissez l'accusée se défendre par ses actes, si elle le peut.

Et pendant ce temps, pendant qu'elle se débattra dans les inextricables difficultés que son fonctionnement soulève, que l'inexpérience de ses partisans augmente, que les promesses exagérées qu'elle a faites multiplient, les bonapartistes ont un admirable rôle à jouer.

Qu'ils parlent, qu'ils écrivent, qu'ils agissent, non point pour outrager leurs adversaires, mais pour montrer ce qu'ils valent eux-mêmes. Par les livres, par la presse, du haut de la tribune, qu'ils prouvent au pays qu'ils sont les plus capables.

Il y a dans ce parti une séve, une verve, un entrain qui s'épuisent en escarmouches et en vaines récriminations. Si toutes ces forces vives étaient employées à des œuvres, quel avantage merveilleux en retirerait le parti lui-même ! Si chaque fois qu'une question s'élève, question d'affaires, question spéciale, ses anciens fonctionnaires, ses hommes pratiques, toute cette pléiade d'esprits distingués qu'il compte dans son sein, examinait cette question, et la traitait avec une supériorité réelle, la France se dirait : « Ce sera peut-être un jour ma ressource. » Surtout si l'on n'omettait pas de s'en référer toujours aux vieux principes démocratiques de l'Empire, principes connus et proclamés à satiété, mais principes dont on a dévié si fort qu'il ne serait pas mauvais d'en fatiguer l'attention publique. Quand un député bonapartiste monte à la tribune, quand un écrivain bonapartiste prend sa plume pour fustiger les républicains avec verve ou avec éloquence, qu'en reste-t-il ? Rien ; un mot parfois, oublié le lendemain. Si ce député et cet écrivain, sans attaquer les républicains, montraient que sur une difficulté législative, financière, militaire, ils en savent plus que les républicains, et sont plus soucieux des intérêts du peuple, ils feraient beaucoup plus de mal à la République qu'en marchant en guerre contre elle.

Et cette arme redoutable de la supériorité dans les affaires, le parti bonapartiste la possèdera quand il voudra la prendre. Les républicains ont de brillants orateurs, de sublimes écrivains; le parti bonapartiste a d'admirables hommes d'affaires; et, chose étrange, il laisse dans l'ombre ses hommes d'affaires et met en avant ses orateurs et ses écrivains, qui sont médiocres pour la plupart.

Il se trompe. Il n'y a plus qu'une seule guerre à faire à la République, puisqu'elle a pour elle la majorité. Il faut discréditer la République en la laissant agir et en s'efforçant de faire mieux que ses partisans. Seule cette guerre-là n'est pas factieuse; seule elle permettra aux bonapartistes, s'ils reviennent au pouvoir par la volonté du peuple, de dire à leurs adversaires : « Nous vous avons respectés quand vous étiez les élus de la nation; la nation a changé d'avis; aujourd'hui nous exigeons votre respect. »

Paris. — Imp. Moderne (Barthier), rue J.-J.-Rousseau, 61.

9 782011 788696